Wer bist du wirklich?
Ein Guide zu den 16 Persönlichkeitstypen
ID16™©

Jarosław Jankowski

Wieso sind wir so verschieden? Wieso nehmen wir auf unterschiedliche Art Informationen auf, entspannen anders, treffen anders Entscheidungen oder organisieren auf verschiedene Weiseunser Leben?

„Wer bist du wirklich?" erlaubt es Ihnen, sich selbst und andere Menschen besser zu verstehen. Der im Buch enthaltene Test ID16 hilft Ihnen dabei, Ihren Persönlichkeitstyp festzustellen.

Ihr Persönlichkeitstyp:

Anwalt
(ESFJ)

Ihr Persönlichkeitstyp:

Anwalt
(ESFJ)

Serie ID16[TM©]

JAROSŁAW JANKOWSKI

LOGOS MEDIA

Ihr Persönlichkeitstyp: Anwalt (ESFJ)

Diese Veröffentlichung hilft Ihnen, Ihr Potenzial besser zu nutzen, gesunde Beziehungen zu anderen Menschen aufzubauen und richtige Entscheidungen auf Ihrem Bildungs- und Berufsweg zu treffen. Sie sollte aber keineswegs als Ersatz für eine fachliche psychologische oder psychiatrische Beratung angesehen werden.

ID16™© ist eine vom Autor geschaffene Persönlichkeitstypologie, die nicht mit Typologien und Tests anderer Autoren oder Institutionen verglichen werden kann.

Aus Gründen der Lesbarkeit wurde im Text die männliche Form gewählt, nichtsdestoweniger beziehen sich die Angaben auf Angehörige beider Geschlechter.

Originaltitel: Twój typ osobowości: Adwokat (ESFJ)

Übersetzung aus dem Polnischen: Wojciech Dzido, Lingua Lab, www.lingualab.pl

Redaktion: Martin Kraft, Lingua Lab, www.lingualab.pl

Technische Redaktion: Zbigniew Szalbot

Herausgeber: LOGOS MEDIA

Druckausgabe: ISBN 978-83-7981-117-5
eBook (EPUB): ISBN 978-83-7981-118-2
eBook (MOBI): ISBN 978-83-7981-119-9

Inhaltsverzeichnis

Einführung

Ihr Persönlichkeitstyp: Anwalt (ESFJ) stellt ein außerge-wöhnliches Nachschlagewerk zum *Anwalt* dar, einem der 16 Persönlichkeitstypen ID16™©.

Dieser Guide ist Teil der Serie ID16™©, die aus 16 Bänden besteht, die den einzelnen Persönlich-keitstypen gewidmet sind. Sie liefern auf eine aus-führliche und verständliche Art und Weise Antwor-ten auf folgende Fragen:

- Wie denken und fühlen Menschen, die zum jeweiligen Persönlichkeitstyp gehören? Wie treffen sie Entscheidungen? Wie lösen sie Probleme? Wovor haben sie Angst? Was stört sie?

- Mit welchen Persönlichkeitstypen kommen sie gut klar, mit welchen hingegen nicht? Was für Freunde, Lebenspartner, Eltern sind diese Menschen? Wie werden sie von anderen betrachtet?

- Was für berufliche Voraussetzungen haben sie? In was für einem Umfeld arbeiten sie am effektivsten? Welche Berufe passen am besten zu ihrem Persönlichkeitstyp?

- Was können sie gut und an welchen Fähigkeiten müssen sie noch feilen? Wie können sie ihr Potenzial ausschöpfen und Fallen aus dem Weg gehen?

- Welche bekannten Personen gehören zum jeweiligen Persönlichkeitstyp?

- Welche Gesellschaft verkörpert die meisten Charakterzüge des jeweiligen Typs?

In diesem Buch finden Sie ebenso die wichtigsten Informationen zur Persönlichkeitstypologie ID16™©.

Wir hoffen, dass es Ihnen dabei hilft, sich selbst und andere Menschen besser zu verstehen und kennenzulernen.

DIE HERAUSGEBER

ID16™©
im Kontext Jungscher
Persönlichkeitstypologien

ID16™© gehört zur Familie der sog. Jungschen Persönlichkeitstypologien, die auf der Theorie von Carl Gustav Jung (1875-1961) basieren – einem Schweizer Psychiater und Psychologen und einem der wichtigsten Vertreter der sog. Tiefenpsychologie.

Auf Grundlage langjähriger Forschungen und Beobachtungen kam Jung zur Schlussfolgerung, dass die Unterschiede in der Haltung und den Vorlieben von Menschen nicht zufällig sind. Er erschuf daraufhin die heute bekannte Unterscheidung in Extrovertierte und Introvertierte. Ferner unterschied Jung vier Persönlichkeitsfunktionen, die zwei gegensätzliche Paare bilden: Empfindung – Intuition und Denken – Fühlen. Jung betonte, dass in jedem dieser Paare eine der Funktionen dominierend ist. Er kam zur Einsicht, dass die dominierenden Eigenschaften eines jeden Menschen stetig und unabhängig von externen Bedingungen sind, ihre Resultante hingegen der jeweilige Persönlichkeitstypus ist.

Im Jahre 1938 erschufen zwei amerikanische Psychiater, Horace Gray und Joseph Wheelwright, den ersten Persönlichkeitstest, der auf der Theorie von Jung basierte und die Bestimmung dominierender Funktionen in den drei von ihm beschriebenen Dimensionen ermöglichte: **Extraversion-Introversion, Empfindung-Intuition** sowie **Denken-Fühlen.** Dieser Test wurde zur Inspiration für andere Forscher. Im Jahre 1942, ebenfalls in den USA, begannen wiederum Isabel Briggs Myers und Katharine Briggs ihren eigenen Persönlichkeitstest anzuwenden. Sie erweiterten das klassische, dreidimensionale Modell von Gray und Wheelwright um eine vierte Dimension: **Bewertung-Beobachtung.** Die meisten der späteren Typologien und Persönlichkeitstests, die auf der Theorie von Jung basierten, übernahmen daraufhin auch diese vierte Dimension. Zu ihnen gehört auch u. a. die amerikanische Studie aus dem Jahre 1978 von David W. Keirsey sowie der Persönlichkeitstest von Aušra Augustinavičiūtė aus den 1970er Jahren. In den folgenden Jahrzehnten folgten Forscher aus der ganzen Welt, womit sie weitere vierdimensionale Typologien und Tests erschufen, die an lokale Bedingungen und Bedürfnisse angepasst wurden.

Zu dieser Gruppe gehört die unabhängige Persönlichkeitstypologie ID16™©, die in Polen vom Pädagogen und Manager Jarosław Jankowski erarbeitet wurde. Diese Typologie, die im ersten Jahrzehnt des 21. Jahrhunderts veröffentlicht wurde, basiert ebenfalls auf der klassischen Theorie von Carl Gustav Jung. Ähnlich wie auch andere moderne Jungsche

Typologien reiht sie sich in die vierdimensionale Persönlichkeitsanalyse ein. Im Falle von ID16™© werden diese Dimensionen als **vier natürliche Veranlagungen** bezeichnet. Diese Veranlagungen haben einen dichotomischen Charakter, ihre Charakteristik hingegen liefert Informationen über die Persönlichkeit eines Menschen. Die Analyse der ersten Veranlagung hat die Bestimmung einer dominierenden **Lebensenergiequelle** zum Ziel (äußere oder innere Welt). Die zweite Veranlagung wiederum bestimmt die dominierende Art und Weise, wie **Informationen aufgenommen werden** (mithilfe von Sinnen oder Intuition). Die dritte Veranlagung hingegen determiniert die dominante **Entscheidungsfindung** (Verstand oder Herz). Die Analyse der letzten Veranlagung schlussendlich liefert den dominanten **Lebensstil** (organisiert oder spontan). Die Kombination aller natürlichen Veranlagungen ergibt im Endresultat einen von **16 möglichen Persönlichkeitstypen**.

Eine besondere Eigenschaft der Typologie ID16™© ist ihre praktische Dimension. Sie beschreibt die einzelnen Persönlichkeitstypen in der Praxis – auf der Arbeit, im Alltag oder in zwischenmenschlichen Kontakten und Beziehungen. Diese Typologie konzentriert sich nicht auf die innere Dynamik der Persönlichkeit und versucht nicht, eine theoretische Erklärung für innere, unsichtbare Prozesse zu finden. Viel mehr versucht sie zu erläutern, wie die jeweilige Persönlichkeit nach außen wirkt und welchen Einfluss sie auf ihr Umfeld nimmt. Diese Fokussierung auf den sozialen Aspekt einer jeden Persönlichkeit stellt eine Gemeinsamkeit mit der o. g. Typologie von Aušra Augustinavičiūtė dar.

Jeder der 16 Persönlichkeitstypen ID16™© ist eine Resultante natürlicher Veranlagungen des Menschen. Die Zuschreibung zum jeweiligen Typus birgt aber keine Bewertung. Keiner der Typen ist besser oder schlechter als die anderen. Jeder von ihnen ist schlichtweg anders und verfügt über seine eigenen starken und schwachen Seiten. ID16™© erlaubt es, diese Unterschiede zu identifizieren und sie zu beschreiben. Er hilft einem dabei sich selbst zu verstehen und seinen Platz auf dieser Welt zu finden.

Die Tatsache, dass Menschen ihr eigenes Persönlichkeitsprofil kennen, erlaubt es ihnen, voll und ganz ihr Potenzial zu nutzen und an all jenen Gebieten zu arbeiten, die ihnen Probleme bereiten könnten. Es ist eine unschätzbare Hilfe im Alltag, bei der Suche nach Problemlösungen, beim Aufbau gesunder zwischenmenschlicher Beziehungen sowie bei der Entscheidungsfindung auf dem Bildungs- und Berufsweg.

Die Identifizierung des Persönlichkeitstypus ist kein willkürlicher oder mechanischer Prozess. Jeder Mensch ist als „Inhaber und Nutzer seiner Persönlichkeit" in vollem Maße kompetent zu entscheiden, zu welchem Typus er gehört. Somit haben Menschen eine Schlüsselrolle in diesem Prozess. Solch eine Selbstidentifizierung kann zum einen dadurch erfolgen, dass man sich die Beschreibungen aller 16 Persönlichkeitstypen durchliest und schrittweise die Auswahl einengt. Zum anderen kann man aber auch den schnelleren Weg wählen und den Persönlichkeitstest ID16™© ausfüllen. Auch in diesem Falle spielt der „Nutzer einer Persönlichkeit" die Schlüsselrolle, denn das Ergebnis des Tests hängt einzig und allein von seinen Antworten ab.

Die Identifizierung soll dabei helfen, sich selbst und andere zu verstehen, wenngleich sie keinesfalls als Orakel für die Zukunft angesehen werden sollte. Der Persönlichkeitstyp sollte zudem nie unsere Schwächen oder schlechte Beziehungen zu anderen Menschen rechtfertigen (obwohl er helfen sollte, die Gründe hierfür zu verstehen)!

Im Rahmen von ID16™© wird die Persönlichkeit nie als statisch, genetisch determinierter Zustand verstanden, sondern als Resultante angeborener und erworbener Eigenschaften. Solch eine Perspektive vernachlässigt nicht den freien Willen und kategorisiert nicht. Sie eröffnet viel mehr neue Perspektiven und regt zur Arbeit an sich selbst an, indem sie Bereiche aufzeigt, in denen dies am meisten benötigt wird.

Der Anwalt (ESFJ)

PERSÖNLICHKEITSTYPOLOGIE ID16™©

Profil

Lebensmotto: *Wie kann ich dir helfen?*

Enthusiastisch, energisch und gut organisiert. Praktisch, verantwortungsbewusst und gewissenhaft. Darüber hinaus herzlich und überaus gesellig.

Anwälte erkennen menschliche Stimmungen, Emotionen und Bedürfnisse. Sie schätzen Harmonie und vertragen schlecht Kritik oder Konflikte. Sie sind sehr sensibel in Bezug auf Ungerechtigkeiten sowie das Leid anderer Menschen. Sie interessieren sich aufrichtig für die Probleme anderer und sind glücklich, wenn sie ihnen helfen können. Indem sie sich um die Bedürfnisse anderer kümmern, vernachlässigen sie oftmals ihre eigenen. *Anwälte* neigen dazu, anderen auszuhelfen. Sie sind anfällig für Manipulationen.

Natürliche Veranlagungen des *Anwalts*

- Die Quelle seiner Lebensenergie: seine äußere Welt.
- Informationsaufnahme: Sinne.
- Art und Weise wie Entscheidungen getroffen werden: Herz.
- Lebensstil: organisiert.

Ähnliche Persönlichkeitstypen

- *Moderator*
- *Betreuer*
- *Künstler*

Statistische Angaben

- *Anwälte* stellen ca. 10-13 % der Gesellschaft dar.
- Unter *Anwälten* überwiegen Frauen (70 %).
- Das Land, welches dem Profil des *Anwalts* entspricht, ist Kanada.[1]

Buchstaben-Code

Der universelle Code des *Anwalts* ist in den Jungschen Persönlichkeitstypologien ESFJ.

Allgemeines Charakterbild

Anwälte mögen andere Menschen und interessieren sich ernsthaft für ihre Erlebnisse und Probleme. Sie

---

[1] Dies bedeutet nicht, dass alle Einwohner von Kanada zu dieser Gruppe gehören, wenngleich die kanadische Gesellschaft – als Ganzes – viele charakteristische Eigenschaften der *Anwälte* verkörpert.

sind imstande sich über das Glück anderer zu freuen und sich wiederum mit ihrem Leid zu identifizieren. *Anwälte* verstehen es hervorragend, menschliche Gefühle und Empfindungen zu deuten. Sie sind sich darüber hinaus ihrer eigenen Gefühle bewusst, weswegen sie über sie sprechen und sie ausdrücken können. Für gewöhnlich ist es sehr einfach, sie kennenzulernen und sich ihnen anzunähern. *Anwälte* sind offen und natürlich, sie vermögen es schnell Kontakt aufzubauen und einen gemeinsamen Nenner mit dem Gegenüber zu finden. Die Empathie, Herzlichkeit, Fürsorge und positive Energie der *Anwälte* ziehen die Menschen an. Oftmals haben sie bereits beim ersten Treffen mit einem *Anwalt* das Gefühl, sie würden ihn seit langem kennen.

Haltung gegenüber anderen Menschen

Anwälte erkennen schneller als der Rest die Bedürfnisse anderer und scheuen keine Mühe oder Energie, um ihnen unter die Arme zu greifen. Sie sind sehr empfänglich für menschliches Leid oder jegliche Anzeichen von Ungerechtigkeit. Ihr Mitgefühl sowie ihre Empathie motiviert sie zum Handeln – sie stellen sich auf die Seite Geschädigter und versuchen, ihre Probleme zu lösen. *Anwälte* sind nicht imstande, solche Menschen zu ignorieren und werden so oftmals auf natürliche Art und Weise zu Anwälten all jener, die sich selbst nicht zu helfen wissen (daher auch die Bezeichnung für diesen Persönlichkeitstyp).

Für gewöhnlich denken *Anwälte* positiv über andere Menschen und lassen nur gelegentlich den Gedanken über schlechte Eigenschaften oder Fehler ihrer Familie, Freunde oder Kollegen zu. Manchmal verteidigen sie sie blind bis zum Ende und glauben an ihre Unschuld, trotz offensichtlicher Beweise.

Wahrnehmung und Gedanken

Anwälte sind hervorragende Beobachter und heben sich durch ihr Wahrnehmungsvermögen hervor. Sie erkennen schnell Details und Fakten und vermögen es, sie im Gedächtnis zu behalten. Sie interessieren sich für ihre Außenwelt und sind gut informiert. *Anwälte* wissen, was es Neues bei ihren Bekannten gibt und was in der Umgebung passiert.

Von Natur aus praktisch veranlagt lernen sie durch Handeln und das Lösen von Problemen. Dahingegen langweilen sie theoretische Überlegungen sowie abstrakte, realitätsferne Konzepte. Sie bevorzugen es, praktische Probleme von konkreten Menschen zu lösen. Umso mehr, wenn dadurch die Lebensqualität dieser Menschen gesteigert wird und sie weniger leiden. *Anwälte* zeichnen sich auch durch einen Sinn für Ästhetik und Ordnungsliebe aus. Ihr Zuhause sowie ihre Arbeitsplätze sind für gewöhnlich ein hervorragendes Sinnbild für ihre Persönlichkeit.

Weltanschauung

Anwälte glauben nicht an Vorahnungen oder Intuition. Sie bevorzugen es, handfeste Daten und Fakten zu haben. Es sind aber keineswegs Menschen, die sich nur auf trockene Logik und Kalkulationen stützen. Auch der menschliche Aspekt ist für sie von Bedeutung – *Anwälte* überlegen stets, wie die jeweilige Entscheidung oder das jeweilige Handeln sich auf andere auswirken und von jenen aufgenommen werden würde. Ihr Umfeld hat großen Einfluss auf ihre Weltanschauung und ihre Ansichten. *Anwälte* gehören jedoch nicht zu den Menschen, die oft ihre Überzeugungen ändern. Ähnlich wie in anderen Lebenslagen sind sie auch in dieser Hinsicht sehr konstant, manchmal sogar dogmatisch. In der Regel verbergen sie ihre Ansichten nicht, ganz im Gegenteil – *Anwälte* äußern offen ihre Meinung, machen dies aber sehr taktvoll. Ihre Aussagen nehmen selten den Charakter eines Angriffs oder einer Konfrontation an.

Anwälte betrachten die Realität oftmals schwarzweiß, ohne jegliche Grautöne. Ihre Welt ist überaus geordnet, Dinge sind entweder gut oder schlecht. Manchmal sind sie sogar imstande, sie etwas zu retuschieren, um sie einer ihrer Kategorien zuzuordnen.

In der Regel fällt es ihnen schwer, die Ansichten anderer Menschen zu verstehen, weswegen sie auch selten versuchen, Probleme aus einer anderen Perspektive zu betrachten. *Anwälte* gehen davon aus, dass ihre Weltanschauung die richtige ist und dass sie gut wissen, was gut für andere ist. Konsequenterweise versuchen sie mit dieser Einstellung oftmals Menschen entgegen ihrem Willen glücklich zu machen.

Entscheidungen

Entscheidungen, von denen *Anwälte* fest überzeugt sind, treffen sie schnell. Manchmal zu schnell. Trotz des für diese Persönlichkeit typischen Pragmatismus kommt es vor, dass sie infolge eines emotionalen Impulses handeln. *Anwälte* denken auch nicht immer über die langfristigen Konsequenzen ihrer Handlungen nach. Sie denken aber immer darüber nach, wie die jeweilige Entscheidung oder ihr Verhalten bei anderen ankommen wird. Wichtigere Entscheidungen besprechen *Anwälte* für gewöhnlich mit ihrer Familie oder Kollegen, wobei sie deren Meinung stets Bedeutung beimessen. Am schwersten fällt es ihnen Entscheidungen zu treffen, die etwaiges Leid anderer oder eine negative Reaktion des Umfelds nach sich ziehen könnten. So zögern sie solche Entscheidungen hinaus bzw. laufen vor ihnen gar weg.

Wenn Emotionen die Oberhand gewinnen oder die Vision von Leid oder verletzten Gefühlen anderer Menschen in Erscheinung tritt, sind sie oft in ihrer Entscheidungsfindung gelähmt. Ein bekanntes Problem von *Anwälten* ist auch ihr niedriges Durchsetzungsvermögen sowie ihre Anfälligkeit für Manipulationen und Ausnutzung durch andere Menschen. Eine ihrer starken Eigenschaften ist hingegen Ausdauer. Wenn sie eine Entscheidung treffen und sich an die Arbeit machen, dann kann man sich sicher sein, dass sie ihre Aufgabe zu Ende führen und dabei jeglichen Hindernissen und Widrigkeiten trotzen.

Im Angesicht von Veränderungen

Anwälte mögen keine Veränderungen. Sie kommen dafür mit ihren praktischen Konsequenzen gut klar (z.B. der Umorganisierung von Arbeit). Dabei sind sie aber von Natur aus sentimental und erleben jede Veränderung als Ende einer Lebensetappe, die nie wieder zurückkehrt. In der Regel brauchen *Anwälte* mehr Zeit, um sich mit Veränderungen vertraut zu machen. In solchen Situationen hilft ihnen ein Gespräch mit anderen Menschen sowie die Möglichkeit, jemandem seine Gedanken und Ängste mitzuteilen.

Anwälte lieben von Natur aus Stabilität, Vorhersehbarkeit, einen geregelten Tagesablauf und sogar Routine. All dies gibt ihnen das Gefühl von Sicherheit und Kontinuität. Dafür mögen sie keine plötzlichen Planänderungen und keine unerwarteten Wendungen. Sie schätzen im Leben das, was zeitlos und konstant ist (z.B. Institutionen oder Organisationen mit langer Geschichte).

In den Augen anderer Menschen

Anwälte gelten als praxisbezogen, unternehmerisch und aktiv. Für gewöhnlich werden sie auch als herzlich, sorgsam und freundschaftlich eingestuft. Menschen sind sich dessen bewusst, dass sie auf ihre Hilfe zählen können. Einige sind jedoch gereizt von ihrer mangelnden Flexibilität, ihrem vielen Gerede, der übertriebenen Hilfsbereitschaft sowie ihrem unzureichenden Vermögen, Kritik zu vertragen.

Anwälte hingegen werden am meisten durch Unhöflichkeit, Faulheit, Schlampigkeit, Nachlässigkeit und Unzuverlässigkeit anderer Menschen gereizt.

Lösen von Problemen

Anwälte mögen es, handfeste Probleme zu lösen und helfen gerne anderen Menschen. Die Vision einer positiven Veränderung im Leben der Menschen motiviert sie zum Handeln. Sie erkennen schneller als andere menschliche Probleme und engagieren sich für sie, wobei sie nicht selten ihre eigenen Bedürfnisse vernachlässigen. In der Regel ist es für sie einfacher, anderen zu helfen als bei der Lösung eigener Probleme selbst um Hilfe zu bitten.

Anwälte sind keine Freunde von theoretischen und abstrakten Aufgaben. Pragmatismus ist ihre Stärke, denn sie schenken nur wirksamen Lösungen tatsächlicher Probleme Beachtung. Sie mögen es, logische und geordnete Systeme zu schaffen. Oftmals sind *Anwälte* für effiziente Lösungen verantwortlich, die reale Hilfe für konkrete Personen oder Gruppen mit sich bringen. *Anwälte* bevorzugen erprobte Vorgehensweisen und stehen innovativen und experimentellen Vorschlägen skeptisch gegenüber. All jenen, die gerne alternative Methoden zurate ziehen, können *Anwälte* bei ihrer Herangehensweise als unflexible und zu traditionelle Menschen erscheinen.

Anwälte versuchen in der Regel Konflikte zu vermeiden. Im Angesicht eines Konflikts wiederum neigen sie dazu, ihre Stellung zu räumen oder sich zurückzuziehen, um einen Kampf, einen Streit oder andere Auseinandersetzungen zu vermeiden. Wenn sie aber eine grobe Ungerechtigkeit oder das Leid anderer erblicken, sind sie imstande, für die Gerechtigkeit zu kämpfen. Oftmals vertreten sie andere Menschen und verteidigen sie, wenn ihnen Leid widerfahren ist. Sie sind oftmals die Stimme von all jenen, die aus verschiedenen Gründen ihre Interessen selbst nicht verteidigen können. Öfters als andere Menschen engagieren sich *Anwälte* aktiv für soziale Organisationen oder spontane Hilfe für Bedürftige. Dies erfüllt sie mit Freude. Die Tatsache, dass sie jemandem geholfen, ihm Mut gemacht haben und dass sein Leben sich zum Besseren gewendet hat, ist für *Anwälte* eine Quelle des Glücks und persönlicher Genugtuung. Sympathie, Anerkennung und Dankbarkeit seitens anderer Menschen verleiht ihnen Energie. Das, was sie wiederum traurig stimmt, ist menschliche Undankbarkeit sowie ungenutztes Potential. Es fällt ihnen schwer, sich damit abzufinden, dass jemand sich nicht helfen lässt und die ausgestreckte Hand ablehnt.

Kommunikation

Anwälte sprechen offen ihre Meinung aus. In der Regel haben sie keine Angst vor öffentlichen Auftritten. Darüber hinaus sind sie imstande, sich in einer Gruppe zu äußern oder ein Treffen zu moderieren. Dabei sind *Anwälte* hervorragende Diplomaten. Sie wissen, wann und was sie sagen sollten und sind dabei sehr taktvoll und feinfühlig. Wenn sie ihre Meinung äußern, dann versuchen sie stets, niemanden zu verletzen. Dies betrifft auch Kritik, die sie stets auf eine höfliche und dezente Art und Weise äußern. Weniger feinfühlige Gesprächspartner, die direktere Kommunikation gewohnt sind, erkennen infolgedessen die Kritik oftmals gar nicht.

Anwälte freuen sich ehrlich über die Erfolge anderer Menschen und zögern nicht, Lob und Anerkennung auszusprechen. Ihre ehrlichen Reaktionen verleihen Menschen Energie und den Glauben an sich selber. Im Gegenzug schöpfen auch *Anwälte* neue Kräfte, wenn sie positives Feedback erhalten. Was ihnen hingegen die Flügel stutzt, sind Feindseligkeit, Undankbarkeit sowie Unhöflichkeit seitens anderer Menschen.

In Stresssituationen

Anwälte mögen aktive und praktische Maßnahmen. Sie sind imstande, sowohl gut zu arbeiten als auch gut zu feiern. Für gewöhnlich sind sie sehr beschäftigt, zum einen mit dienstlichen Angelegenheiten, zum anderen mit der Unterstützung anderer Menschen. Oftmals nehmen sie mehr Pflichten an, als sie zu bewältigen imstande sind. Infolgedessen sind sie ab und an überfordert und gestresst, was sich wiederum in Scharfzüngigkeit und Selbstmitleid äußert (z.B. nehmen sie die Rolle von Opfern oder Märtyrern an). Zeitgleich können sie in solchen Situationen auch ihr Selbstwertgefühl verlieren und spinnen verschiedene pessimistische Szenarien für die Zukunft. Eine Quelle für Spannungen ist für sie Kritik, Ablehnung, fehlende Akzeptanz oder gar gewöhnliche Gleichgültigkeit anderer Menschen.

Sozialer Aspekt der Persönlichkeit

Anwälte mögen Menschen. Sie legen viel Wert auf harmonische, freundschaftliche und herzliche Beziehungen. Sie sind nicht imstande all jene zu verstehen, die bewusst die Atmosphäre vermiesen, unfreundliche Anmerkungen machen oder offen andere kritisieren. Ein Rätsel stellen für *Anwälte* auch Menschen dar, die über Monate hinweg über Ziele und Aufgaben sprechen, ohne dabei aber praktischen Maßnahmen zu ergreifen. Sie schätzen konkrete, sachliche und gewissenhafte Menschen, die keine Angst vor harter Arbeit haben und sich dabei den Hürden auf ihrem Weg zu stellen vermögen. *Anwälte* schätzen die Haltung jener Menschen auch dann, wenn deren Maßnahmen nicht die gewünschten Resultate nach sich ziehen, denn für *Anwälte* zählen nicht nur Ergebnisse, sondern auch der Wille und das Engagement. Sie verstehen hingegen Menschen nicht, die im Angesicht von Herausforderungen sofort das Handtuch schmeißen, ohne es überhaupt probiert zu haben. Auch Faulheit und Fahrlässigkeit gehören zu den Eigenschaften, die *Anwälte* als störend empfinden.

Anwälte fühlen sich für andere verantwortlich. Sie mögen es, andere Menschen zu vertreten, ihnen zu helfen und in ihrem Namen aufzutreten. Ab und zu nehmen sie die Rolle von Anwälten an, obwohl andere es gar nicht möchten, dass sie jemand vertritt, ihnen hilft oder gewaltsam versucht, ihr Leben zu reformieren.

Für gewöhnlich sind *Anwälte* imstande, anderen den Vortritt zu lassen, um Konflikten aus dem Weg zu gehen. Zum Wohle der anderen vermögen sie es auch, auf eigene Bedürfnisse zu verzichten. Wenn sie selbst Probleme haben, lassen sie es sich nur selten anmerken, denn sie möchten andere nicht mit ihren Schwierigkeiten belasten. In der Regel äußern sie auch ihre Unzufriedenheit nicht direkt. Schlussendlich neigen sie auch dazu, ihre Emotionen zu verbergen. Infolgedessen kann dies aber bei *Anwälten* nach langer Zeit zu unkontrollierten Ausbrüchen führen, was vor allem für ihr Umfeld sehr überraschend ist.

Anwälte tendieren dazu, ihre Familie, Freunde und Kollegen zu idealisieren. Ablehnung oder Verrat seitens geliebter Menschen kann für sie folglich eine wahrhaftige Katastrophe darstellen. In solchen Augenblicken kommt es ihnen vor, dass ihre ganze Welt zusammengebrochen ist. Auch längere Isolation und Einsamkeit können sie nur schwer verkraften.

Unter Freunden

Anwälte sind herzlich und empathisch. Sie interessieren sich ehrlich für andere Menschen und sind sehr treue und ergebene Freunde. Andere Menschen können stets auf ihre Unterstützung zählen. Ihre Hilfe wiederum ist uneigennützig, denn *Anwälten* liegt es fern, Freundschaften instrumental zu behandeln, bspw. als Form der Selbstdarstellung oder als Werkzeug in der Karriere.

Sie schätzen Ehrlichkeit und Offenheit und sehen in anderen ein positives Potenzial, welches sie zu nutzen wissen, indem sie aus ihnen das Beste fördern. All dies zieht Menschen an und bewirkt, dass *Anwälte* allgemein gemocht werden. Für gewöhnlich haben sie viele Freunde und Bekannte. Sie opfern ihnen viel Zeit, nicht selten auf Kosten der Zeit für sich selber oder der eigenen Bedürfnisse.

Freunde sind ein wichtiger Bestandteil ihres Lebens (wichtiger ist nur ihre Familie). Ihr eigenes Glück ist in großem Maße vom Glück ihrer Freunde sowie gesunden Beziehungen zu diesen abhängig. Wenn *Anwälte* nur die Möglichkeit dazu haben, laden sie ihre Freunde nach Hause ein. Sie lieben es, Zeit mit ihnen zu verbringen, ohne sie fühlen sie sich hingegen wie abgekapselt von ihrer Energiequelle. Anwälte treffen sich gerne mit Freunden. Auch andere Menschen mögen es, sich mit *Anwälten* zu treffen, denn in ihrer Anwesenheit steigert sich ihr Selbstwertgefühl, weswegen sie sich akzeptiert, stärker und besser fühlen.

Indem sie anderen Respekt, Herzlichkeit, ehrliches Interesse und Akzeptanz zollen, erwarten sie auch dasselbe von diesen. Das Bewusstsein, dass sie gemocht und akzeptiert werden, verleiht *Anwälten* Flügel und erfüllt sie mit Glück. Dahingegen vertragen sie keine Kritik und Gleichgültigkeit seitens anderer Menschen. Unter Freunden und Bekannten von *Anwälten* sind Menschen mit verschiedenen Persönlichkeitstypen vorzufinden. Am häufigsten freunden sie sich mit *Moderatoren*, *Betreuern*, *Beratern* sowie anderen *Anwälten* an. Am seltensten hingegen mit *Logikern*, *Reformern* und *Strategen*.

In der Ehe

Anwälte schätzen Stabilität – die Familie ist einer der wichtigsten Aspekte in ihrem Leben. Gesunde familiäre Beziehungen geben ihnen das Gefühl von Sicherheit und stellen ein Fundament fürs Leben dar. *Anwälte* behandeln ihre Verpflichtungen sehr ernst – das Ehegelübde ist für sie heilig. Sie lieben ihr Zuhause und mögen es, dort ihre Zeit zu verbringen. Ferner mögen sie auch familiäre Treffen und sind hervorragende Gastgeber sowie Zeremonienmeister.

In der Regel bevorzugen sie die traditionelle Rollenverteilung in der Ehe und kommen mit ihren häuslichen Verpflichtungen hervorragend klar.

Das Ideal, welches sie anstreben, ist ein harmonisches und ruhiges Familienleben sowie das Glück ihrer Familie. Für die Realisierung dieses Ideals wenden *Anwälte* viel Energie auf. Auch wenn sie von Plichten überhäuft werden, was leider oft passiert, vernachlässigen sie nie ihre Familie und lassen ihre Verwandten nicht aus den Augen. Die Personen, die sie lieben, sind für sie von höchster Priorität. *Anwälte* sagen ihnen oft und gerne Komplimente, haben stets ein gutes Wort oder eine nette Geste für sie übrig und vergessen nie einen Geburtstag oder einen wichtigen Jahrestag. Selbst bedürfen sie ebenfalls menschlicher Zuneigung, Nähe und Verbundenheit. Kälte, Gleichgültigkeit sowie Kritik vertragen sie hingegen schlecht.

Für gewöhnlich meiden *Anwälte* konfliktreiche Themen. Sie bevorzugen es viel mehr, Probleme zu verschweigen, sie geduldig zu ertragen oder vorzutäuschen, dass es sie nicht gibt. *Anwälte* tendieren auch dazu, ihre Familie und ihre Freunde zu idealisieren und somit auch ihre negativen Eigenschaften nicht zu beachten. Ferner schieben sie oftmals sich selbst die Schuld für familiäre Probleme zu.

Natürliche Kandidaten als Lebenspartner für *Anwälte* sind Menschen mit verwandten Persönlichkeitstypen: *Moderatoren*, *Betreuer* oder *Künstler*. In solchen Beziehungen ist es weitaus einfacher, gegenseitiges Verständnis und Harmonie aufzubauen. Nichtsdestotrotz zeigt die Erfahrung, dass Menschen imstande sind, gelungene und glückliche Beziehungen zu führen, obwohl scheinbar keine typologische Übereinstimmung vorzufinden ist. Ferner können gerade

Unterschiede zwischen den Eheleuten ihrer Beziehung Dynamik verleihen und positiven Einfluss auf die persönliche Entwicklung ausüben.

Als Eltern

Anwälte sind überaus fürsorgliche Eltern und nehmen ihre elterlichen Pflichten sehr ernst. Sie umgeben ihre Kinder mit Herzlichkeit, Fürsorge sowie Liebe und vermögen es, ihre emotionalen Bedürfnisse zu befriedigen. *Anwälte* möchten ihre Kinder zu empfindsamen und verantwortungsbewussten Menschen erziehen, weswegen sie sie für die Bedürfnisse anderer sensibilisieren.

Für gewöhnlich führen sie zuhause klare Regeln ein, dank denen ihre Kinder sich sicher fühlen. *Anwälte* begegnen ihrem Nachwuchs mit Liebe und Akzeptanz, wobei sie von ihnen zeitgleich Respekt erwarten. In der Beziehung zu ihren Kindern sind *Anwälte* keine Anhänger von freundschaftlichen Beziehungen. Viel mehr setzen sie klare Regeln und fordern, dass sie eingehalten werden. Es gelingt ihnen aber nicht immer, dieses Regelsystem durchzusetzen.

Anwälte haben die Tendenz, überfürsorglich zu sein, ihren Kindern auszuhelfen und sie übermäßig zu kontrollieren (ein häufiger Grund für problematische Beziehungen zu Jugendlichen). Ihre Kinder wiederum neigen dazu, ihre Eltern auszunutzen und zu manipulieren, da sie genau wissen, dass ihr *Anwalt*-Elternteil alles für sie machen würde und ggf. auch bei Schwierigkeiten die helfende Hand reicht. Nach vielen Jahren erinnern sich die Kinder sehr gerne an ihr familiäres Zuhause und schätzen *Anwälte* für ihre Fürsorge, Herzlichkeit, Aufopferung, aber auch klare Regeln, die ihnen zwar früher als Begrenzung erschienen, doch letztendlich Ordnung in ihre

Weltanschauung gebracht und gelehrt haben, was im Leben von Bedeutung ist.

Arbeit und Karriere

Anwälte mögen eine stabile Anstellung in einem sicheren Umfeld, in dem Harmonie herrscht. Oft suchen sie nach Stellen, bei denen Kontakt mit anderen Menschen wichtig ist.

Organisation

Ordnung, gute Organisation, festgelegte Vorgehensweisen und eine klare Aufgabenverteilung – all dies ist laut *Anwälten* der Schlüssel zu einer reibungslosen Abwicklung von Aufgaben und dem Erreichen festgelegter Ziele. Dahingegen vertragen sie Arbeit in einem unorganisierten und chaotischen Umfeld schlecht. Sie stören sich an schlechter Arbeitsorganisation, unklarer Aufgabenverteilung, Vergeudung und Ineffizienz.

Anwälte mögen keine Aufgaben, die nach ständigen Veränderungen und Flexibilität verlangen. Sie hinterfragen selten die bestehende Ordnung, da sie festgelegte Regeln respektieren und altbewährte Traditionen schätzen. In der Regel zweifeln sie also die Richtigkeit von in Unternehmen angewandten Prozeduren nicht an (auch wenn sie veraltet und nicht mehr an aktuelle Bedürfnisse angepasst sein sollten).

Im Team

Anwälte mögen Teamarbeit und unterstützen gerne ihre Kollegen. Sie bringen viel Energie, eine herzliche Atmosphäre sowie praktische Ideen in das Team ein. Ihr ehrliches Lob und Komplimente motivieren andere zur weiteren Arbeit. *Anwälte* schätzen gesunde und herzliche Beziehungen, dahingegen sind sie kühlen, zurückhaltenden und stillen Personen eher abgeneigt. Sie bevorzugen fleißige, gut organisierte und vorhersehbare Kollegen. *Anwälten* fällt es schwer, Menschen zu verstehen, die sich bei ihren Aufgaben keine Mühe geben und ihre Pflichten vernachlässigen.

Vorgesetzte

Anwälte schätzen Vorgesetzte, die klar und verständlich ihre Anforderungen und Ziele äußern sowie ihre Mitarbeiter nach ihrer Leistung und ihren Verdiensten beurteilen. Sie fühlen sich in hierarchisierten Organisationen mit einer festen Struktur gut aufgehoben. Von ihren Vorgesetzten erwarten sie ein ehrliches Interesse an ihren Mitarbeitern sowie die Anerkennung ihres Engagements.

Anwälte fühlen sich sehr schlecht in Unternehmen, in denen die Mitarbeiter als Bauelemente eines Systems angesehen werden. Wenn sie selbst Führungspositionen innehaben, versuchen sie alle wichtigen Entscheidungen mit ihren Mitarbeitern abzusprechen, da sie sich für ihre Meinung interessieren, sie zum Handeln motivieren und sie auch mit Selbstbewusstsein stärken. Die so engagierten Mitarbeiter fühlen sich dadurch authentisch wertgeschätzt.

Gegenüber Mitarbeitern

Anwälte geben ihren Mitarbeitern gerne Ratschläge und Tipps, vor allem, da sie um Effizienz und gutes Zeitmanagement bemüht sind. Dabei tendieren sie dazu, ihnen auszuhelfen und sie manchmal auch zu stark zu kontrollieren, was die Mitarbeiter wiederum entmutigt, kreative Experimente zu probieren und es ihnen erschwert, aus eigenen Fehlern zu lernen sowie selbstständig zu arbeiten.

Darüber hinaus glauben *Anwälte*, dass traditionelle Strukturen sowie formelle Beziehungen dabei helfen, Harmonie und Stabilität zu bewahren. Deswegen erwarten sie auch von ihren Mitarbeitern nicht nur Gewissenhaftigkeit und Engagement, sondern auch Loyalität und Respekt. Eine Herausforderung für *Anwälte* stellen Situationen dar, bei denen nicht alle Parteien befriedigt werden können oder wenn schwierige und unbeliebte Entscheidungen getroffen werden müssen. Große Probleme bereitet ihnen auch die Disziplinierung ihrer Mitarbeiter oder sie auf unangebrachtes Verhalten aufmerksam zu machen.

Berufe

Das Wissen über das eigene Persönlichkeitsprofil sowie die natürlichen Präferenzen stellen eine unschätzbare Hilfe bei der Wahl des optimalen Berufsweges dar. Die Erfahrung zeigt, dass *Anwälte* mit Erfolg in verschiedenen Bereichen arbeiten und aufgehen können. Doch dieser Persönlichkeitstyp prädisponiert sie auf natürliche Art und Weise zu folgenden Berufen:

- Anwalt,
- Arzt,
- Buchhalter,
- Geistlicher,
- Handelsvertreter,
- Immobilienvertreter,
- Kindergartenbetreuer,
- Krankengymnast,
- Krankenpfleger,

- Lehrer,
- Logopäde,
- Manager,
- Marketingspezialist,
- Mitarbeiter im Kundendienst,
- Mitarbeiter im Reisebüro,
- Mitarbeiter in der Personalabteilung,
- Mitarbeiter in der Sozialhilfe,
- Optiker,
- Pädagoge,
- Pharmazeut,
- Physiotherapeut,
- Portier,
- Restaurator,
- Sanitäter,
- Schauspieler,
- Spezialist für Öffentlichkeitsarbeit,
- Therapeut,
- Trainer,
- Verkäufer.

Potenzielle starke und schwache Seiten

Ähnlich wie auch andere Persönlichkeitstypen haben *Anwälte* potenzielle starke und schwache Seiten. Dieses Potenzial kann auf verschiedenste Weise ausgeschöpft werden. Glück im Privatleben sowie Erfolg im Beruf hängen bei *Anwälten* davon ab, ob sie die Chancen, die mit ihrem Persönlichkeitstyp verknüpft sind, nutzen und ob sie den Gefahren auf ihrem Weg die Stirn bieten können.

Im Folgenden eine ZUSAMMENFASSUNG dieser Chancen und Gefahren:

Potenzielle starke Seiten

Anwälte mögen Menschen und interessieren sich ehrlich für ihre Probleme. Sie weisen sehr viel Empathie auf und vermögen es, Gefühle und Emotionen anderer zu deuten. Sie sind zugleich aber auch imstande, ihren eigenen Emotionen Ausdruck zu verleihen. Ihre Herzlichkeit, Interesse und Fürsorge ziehen andere Menschen an. *Anwälte* schaffen um sich herum eine gesunde, freundschaftliche Atmosphäre, weswegen sie sich hervorragend für Teamarbeit eignen, aber auch sehr gute Organisatoren sind. *Anwälte* sind imstande für gemeinsame Ziele zu arbeiten, eine harmonische Zusammenarbeit zu fördern und sich über Erfolge anderer Menschen zu freuen. Sie motivieren andere Menschen zum Handeln, verleihen ihnen Selbstwertgefühl und fördern ihr verstecktes Potenzial.

Darüber hinaus sind *Anwälte* loyale Mitarbeiter. Sie konzentrieren sich eher auf die ihnen anvertrauten Aufgaben als auf persönliche Vorteile, weswegen sie auch seltener als andere die Arbeit auf der Suche nach besseren Bedingungen wechseln. *Anwälte* zeichnen sich durch Fleiß, Elan, Stabilität sowie Realismus, Pragmatismus und Vorhersehbarkeit aus. Sie interessieren sich für Fakten und konkrete Tatsachen sowie effektive und praktische Lösungen, die reale Probleme beseitigen oder auf handfeste Weise das Leben eines anderen Menschen vereinfachen.

Anwälte sind imstande, all das, was sie angefangen haben, auch zu beenden. Wenn man ihnen Aufgaben zugeteilt, kann man also sicher sein, dass sie sich auch dafür engagieren. Dabei sind es vor allem Aufgaben mit festgelegten Prozeduren, die die Verarbeitung von vielen Daten sowie nach wiederholbaren

Prozessen verlangen, mit denen *Anwälte* sich gut zu behelfen wissen.

Potenzielle schwache Seiten

Ihre Fixierung auf die Unterstützung anderer Menschen sowie ihr geringes Durchsetzungsvermögen bewirken, dass *Anwälte* nicht immer imstande sind, ihre eigenen Bedürfnisse oder Interessen zu vertreten. *Anwälte* sind zudem für Betrügereien, Manipulationen sowie emotionale Erpressung anfällig. Ferner tendieren sie dazu, schwierige (jedoch wichtige) Gespräche zu meiden. Sie sind nicht imstande, toxische oder schädliche Beziehungen aufzugeben und neigen dazu, sich die Schuld für fehlgeschlagene Beziehungen zuzuschieben. *Anwälte* haben Probleme, sich in Krisensituationen zurechtzufinden und sind überaus empfindlich für Kritik. Auch einsames Arbeiten hat schlechten Einfluss auf sie, da sie von Lob und Affirmation seitens anderer Menschen abhängig sind. Im Angesicht von Feindseligkeit oder Gleichgültigkeit können sie ihr Selbstwertgefühl verlieren.

Auch in neuen Bereichen finden sich *Anwälte* nur schlecht zurecht. Die Bindung zu alten, erprobten Lösungen kann bei ihnen Skepsis gegenüber Experimenten und innovativen Maßnahmen hervorrufen. Sie sind nicht gerade flexibel – in Situationen, die nach blitzschnellen Entscheidungen und Improvisation verlangen, verlieren sie recht schnell den Boden unter ihren Füßen. Sie haben auch Probleme mit der Delegierung von Aufgaben und tendieren dazu, anderen auszuhelfen und ihnen zwangsweise zu helfen. Trotz ihrer Offenheit sind *Anwälte* oftmals skeptisch gegenüber Ansichten, die sie nicht teilen. Alleine die Tatsache, dass sie solche Meinungen vernehmen, bewirkt bei ihnen großes Unbehagen. *Anwälte* tendieren auch zu voreiliger Verneinung und Ablehnung all dessen, was für sie neu und fremd ist. Sie kennzeichnen sich häufiger als andere durch Dogmatismus und die Unfähigkeit, komplexe Phänomene zu erkennen.

Ihre Loyalität gegenüber anderen Menschen bewirkt, dass sie ab und an parteiisch sind. Es fällt ihnen infolgedessen schwer anzunehmen, dass ihre Verwandten, Freunde oder Kollegen irren oder Schuld tragen könnten. Indem sie sich auf aktuelle Bedürfnisse konzentrieren, sind *Anwälte* oftmals nicht imstande, zukünftige Herausforderungen zu erkennen. Ihr Engagement für einzelne Probleme hingegen bewirkt, dass sie einen breiteren Kontext nicht zu erkennen vermögen.

Persönliche Entwicklung

Die persönliche Entwicklung von *Anwälten* hängt davon ab, in welchem Grad sie ihr natürliches Potenzial nutzen und ob sie die Gefahren, die in Verbindung mit ihrem Typ stehen, zu bewältigen vermögen. Die folgenden praktischen Tipps stellen eine Art Dekalog des *Anwalts* dar.

Helfen Sie anderen nicht aus

Sie möchten anderen Menschen helfen, aber wenn Sie ihnen überall aushelfen, dann werden sie es nie selbst lernen. Sie wiederum werden ständig überlastet sein. Wenn Sie also anderen helfen, müssen Sie ihnen erlauben, die Verantwortung für ihr Leben zu übernehmen, Fehler zu machen und Konsequenzen aus ihnen für die Zukunft zu ziehen.

Lassen Sie einige Angelegenheiten ihren natürlichen Lauf nehmen

Es wird Ihnen nicht gelingen, alles unter Kontrolle zu haben. Sie werden nicht imstande sein, jedes Problem zu kontrollieren. Lassen Sie also weniger wichtige Angelegenheiten ihren natürlichen Lauf nehmen. Sie werden so viel mehr Energie sparen können und Frust vermeiden.

Haben Sie keine Angst vor Ideen und Meinungen anderer Menschen

Offenheit gegenüber den Ansichten anderer Menschen muss nicht zwangsweise bedeuten, dass Sie Ihre eigene Meinung verwerfen müssen. Haben Sie keine Angst vor den Ideen und Ansichten anderer Menschen, die sich von Ihrer Meinung unterscheiden. Bevor Sie sie ablehnen, denken Sie darüber nach und versuchen Sie sie zu verstehen.

Betrachten Sie Probleme aus einer breiteren Perspektive

Versuchen Sie stets einen breiteren Kontext zu erkennen und Probleme aus verschiedenen Perspektiven und Blickwinkeln unterschiedlicher Leute zu betrachten. Lassen Sie sich beraten und erwägen Sie andere Standpunkte. Versuchen Sie ebenfalls verschiedene Aspekte eines Problems zu durchleuchten.

Haben Sie keine Angst vor Konflikten

Auch zwischen sich sehr nahestehenden Personen kommt es manchmal zu Meinungsverschiedenheiten. Konflikte bedeuten aber nicht zwangsweise etwas Destruktives. Sehr oft helfen sie dabei, Probleme zu finden und sie zu lösen! Stecken Sie also nicht Ihren Kopf in den Sand, wenn Sie sich in einer Konfliktsituation befinden. Versuchen Sie viel mehr klar Ihren Standpunkt sowie Ihre Empfindungen bzgl. des Problems zu vertreten.

Lernen Sie, „Nein" zu sagen

Wenn Sie mit etwas nicht einverstanden sind, haben Sie keine Angst davor, dies auch zu äußern. Wenn Sie nicht imstande sind, eine weitere Aufgabe zu übernehmen, dann lehnen Sie sie einfach ab. Lernen Sie, „Nein" zu sagen. Vor allem dann, wenn Sie spüren, dass jemand Ihre Hilfe ausnutzt oder versucht, Sie bei etwas einzuspannen.

Haben Sie keine Angst vor neuen Erfahrungen

Versuchen Sie jede Woche oder jeden Monat etwas Neues aus. Besuchen Sie Orte, an denen Sie noch nicht waren. Sprechen Sie mit Menschen, die Sie vorher nicht gekannt haben. Nehmen Sie Aufgaben an, die Sie vorher nie hatten. Dies wird Ihnen viele wertvolle Ideen bringen und bewirkt, dass Sie die Welt aus einer breiteren Perspektive betrachten.

Versuchen Sie öfters sich selbst etwas Gutes zu tun

Versuchen Sie sich selbst so zu helfen, wie Sie sich um Glück und gutes Selbstbewusstsein anderer Menschen kümmern. Seien Sie auch für sich selbst verständnisvoll! Versuchen Sie ab und zu sich von ihren Pflichten loszureißen und sich angenehmen, entspannenden oder unterhaltsamen Dingen zu widmen.

Haben Sie keine Angst vor Kritik

Haben Sie keine Angst, kritisch zu sein und Kritik seitens anderer Menschen anzunehmen. Kritik kann konstruktiv sein und muss nicht unbedingt einen Angriff auf andere Menschen oder die Anzweiflung ihrer Werte bedeuten.

Lassen Sie sich von anderen helfen

Sie gehen von der Annahme aus, dass es Ihre Aufgabe ist, anderen Menschen zu helfen und es für gewöhnlich so ist, dass andere bei Ihnen um Hilfe bitten. Wenn Sie aber ein Problem haben, sollten Sie nicht davor zurückschrecken, auch andere Menschen im Gegenzug um Hilfe zu bitten und diese anzunehmen! Die Fähigkeit, Hilfe anzunehmen, ist ebenso wichtig, wie die Fähigkeit, Hilfe zu leisten.

Bekannte Personen

Eine Liste bekannter Personen, die dem Profil des *Anwalts* entsprechen:

- **Louis Burt Mayer**, eigtl. Eliezer Meir (1884-1957) – US-amerikanischer Unternehmer jüdischer Herkunft, Filmverleiher und -produzent, Mitbegründer der Filmproduktionsgesellschaft Metro-Goldwyn-Mayer;
- **Ray Kroc** (1902-1984) – US-amerikanischer Unternehmer, Gründer der McDonald's Corporation, bekannt als „König der Hamburger";
- **Sam Walton** (1918-1992) – US-amerikanischer Unternehmer, Gründer von Wal-Mart (heute die größte Handelskette der Welt);

- **Mary Tyler Moore** (1936-2017) – US-amerikanische Filmschauspielerin (u. a. *Eine ganz normale Familie*);
- **Bill Clinton** (geb. 1946) – 42. Präsident der Vereinigten Staaten;
- **Dany Glover** (geb. 1946) – US-amerikanischer Filmschauspieler (u. a. *Lethal Weapon*), Produzent und Regisseur;
- **Sally Field** (geb. 1946) – US-amerikanische Filmschauspielerin (u. a. *Brothers & Sisters*);
- **Eddie Murphy** (geb. 1961) – US-amerikanischer Bühnen- und Filmschauspieler (u. a. *Beverly Hills Cop*), Produzent, Drehbuchautor und Regisseur;
- **Lars Ulrich** (geb. 1963) – dänischer Schlagzeuger, Mitbegründer der Band Metallica;
- **Björk Guðmundsdóttir** (geb. 1965) – isländische Sängerin, Textautorin, Komponistin und Schauspielerin;
- **Geri Halliwell**, eigtl. Geraldine Estelle Halliwell (geb. 1972) – britische Sängerin spanisch-schwedischer Abstammung, Mitbegründerin der Band Spice Girls;
- **Elvis Stojko** (geb. 1972) – kanadischer Eiskunstläufer, zweifacher olympischer Silbermedaillengewinner und dreifacher Weltmeister;
- **Linda Park** (geb. 1978) – US-amerikanische Filmschauspielerin koreanischer Abstammung (u. a. *Star Trek: Enterprise*);
- **Samaire Armstrong** (geb. 1980) – US-amerikanische Film- und Fernsehschauspielerin (u. a. *O.C., California*).

Die 16 Persönlichkeits-typen im Überblick

Der Animateur (ESTP)

Lebensmotto: *Lasst uns etwas unternehmen!*

Energisch, aktiv und unternehmerisch. Sie mögen die Gesellschaft anderer Menschen und sind imstande, den Augenblick zu genießen. Spontan, flexibel und offen für Veränderungen.

Enthusiastische Anreger und Initiatoren, die andere zum Handeln motivieren. Logisch, rational und überaus pragmatisch. *Animateure* sind Realisten, die abstrakte Ideen und die Zukunft betreffende Erwägungen ermüdend finden. Sie konzentrieren sich viel mehr auf konkrete Lösungen von aktuellen Problemen. Sie haben manchmal Schwierigkeiten bei der Organisation und Planung, denn sie neigen zu impulsiven Handlungen, weswegen es passieren kann, dass sie erst handeln und dann nachdenken.

Natürliche Veranlagungen des *Animateurs*

- Die Quelle seiner Lebensenergie: seine äußere Welt.
- Informationsaufnahme: Sinne.
- Art und Weise wie Entscheidungen getroffen werden: Verstand.
- Lebensstil: spontan.

Ähnliche Persönlichkeitstypen

- *Verwalter*
- *Praktiker*
- *Inspektor*

Statistische Angaben

- *Animateure* stellen ca. 6-10 % der Gesellschaft dar.
- Unter *Animateuren* überwiegen Männer (60 %).
- Das Land, welches dem Profil des *Animateurs* entspricht, ist Australien.[2]

Buchstaben-Code

Der universelle Code des *Animateurs* ist in den Jungschen Persönlichkeitstypologien ESTP.

---

[2] Dies bedeutet nicht, dass alle Einwohner von Australien zu dieser Gruppe gehören, wenngleich die australische Gesellschaft – als Ganzes – viele charakteristische Eigenschaften des *Animateurs* verkörpert.

Mehr:

Jarosław Jankowski
Ihr Persönlichkeitstyp: Animateur (ESTP)

Der Anwalt (ESFJ)

Lebensmotto: *Wie kann ich dir helfen?*

Enthusiastisch, energisch und gut organisiert. Praktisch, verantwortungsbewusst und gewissenhaft. Darüber hinaus herzlich und überaus gesellig.

Anwälte erkennen menschliche Stimmungen, Emotionen und Bedürfnisse. Sie schätzen Harmonie und vertragen schlecht Kritik oder Konflikte. Sie sind sehr sensibel in Bezug auf Ungerechtigkeiten sowie das Leid anderer Menschen. Sie interessieren sich aufrichtig für die Probleme anderer und sind glücklich, wenn sie ihnen helfen können. Indem sie sich um die Bedürfnisse anderer kümmern, vernachlässigen sie oftmals ihre eigenen. *Anwälte* neigen dazu, anderen auszuhelfen. Sie sind anfällig für Manipulationen.

Natürliche Veranlagungen des *Anwalts*

- Die Quelle seiner Lebensenergie: seine äußere Welt.
- Informationsaufnahme: Sinne.
- Art und Weise wie Entscheidungen getroffen werden: Herz.
- Lebensstil: organisiert.

Ähnliche Persönlichkeitstypen

- *Moderator*
- *Betreuer*
- *Künstler*

Statistische Angaben

- *Anwälte* stellen ca. 10-13 % der Gesellschaft dar.
- Unter *Anwälten* überwiegen Frauen (70 %).
- Das Land, welches dem Profil des *Anwalts* entspricht, ist Kanada.

Buchstaben-Code

Der universelle Code des *Anwalts* ist in den Jungschen Persönlichkeitstypologien ESFJ.

Mehr:

Jarosław Jankowski
Ihr Persönlichkeitstyp: Anwalt (ESFJ)

Der Berater (ENFJ)

Lebensmotto: *Meine Freunde sind meine Welt.*

Optimistisch, enthusiastisch und scharfsinnig. Höflich und taktvoll. Sie verfügen über ein unglaubliches Empathievermögen, wodurch es sie glücklich stimmt, durch selbstloses Handeln anderen Menschen Gutes zu tun. *Berater* vermögen es, Einfluss auf das Leben anderer zu nehmen – sie inspirieren, entdecken in ihnen verstecktes Potenzial und verleihen ihnen Glauben an das eigene Können. *Berater* strahlen Wärme aus, weswegen sie andere Menschen anziehen. Sie helfen ihnen oftmals, persönliche Probleme zu lösen.

Doch *Berater* neigen dazu, gutgläubig zu sein und die Welt durch eine rosarote Brille zu betrachten. Da sie ständig auf andere Menschen fixiert sind, vergessen sie oftmals ihre eigenen Bedürfnisse.

Natürliche Veranlagungen des *Beraters*

- Die Quelle seiner Lebensenergie: seine äußere Welt.
- Informationsaufnahme: Intuition.
- Art und Weise wie Entscheidungen getroffen werden: Herz.
- Lebensstil: organisiert.

Ähnliche Persönlichkeitstypen

- *Enthusiast*
- *Mentor*
- *Idealist*

Statistische Angaben

- *Berater* stellen ca. 3-5 % der Gesellschaft dar.
- Unter *Beratern* überwiegen Frauen (80 %).
- Das Land, welches dem Profil des *Beraters* entspricht, ist Frankreich.

Buchstaben-Code

Der universelle Code des *Beraters* ist in den Jungschen Persönlichkeitstypologien ENFJ.

Mehr:

Jarosław Jankowski
Ihr Persönlichkeitstyp: Berater (ENFJ)

Der Betreuer (ISFJ)

Lebensmotto: *Mir liegt viel an deinem Glück.*

Herzlich, bescheiden, vertrauenswürdig und überaus loyal. An erster Stelle stehen für *Betreuer* andere Menschen. Sie erkennen ihre Bedürfnisse und möchten ihnen helfen. Sie sind praktisch, gut organisiert und verantwortungsbewusst. Ferner zeichnen sie sich durch Geduld, Fleiß und Ausdauer aus. Sie führen ihre Pläne zu Ende.

Betreuer bemerken und prägen sich Details ein. Sie schätzen Ruhe, Stabilität und freundschaftliche Beziehungen zu anderen Menschen. Darüber hinaus vermögen sie es, Brücken zwischen Menschen zu bauen. Sie vertragen nur schlecht Kritik und Konflikte. *Betreuer* verfügen über ein starkes Pflichtbewusstsein und sind stets bereit anderen zu helfen. Manchmal werden sie von anderen ausgenutzt.

Natürliche Veranlagungen des *Betreuers*

- Die Quelle seiner Lebensenergie: sein Inneres.
- Informationsaufnahme: Sinne.
- Art und Weise wie Entscheidungen getroffen werden: Herz.
- Lebensstil: organisiert.

Ähnliche Persönlichkeitstypen

- *Künstler*
- *Anwalt*
- *Moderator*

Statistische Angaben

- *Betreuer* stellen ca. 8-12 % der Gesellschaft dar.
- Unter *Betreuern* überwiegen Frauen (70 %).
- Das Land, welches dem Profil des *Betreuers* entspricht, ist Schweden.

Buchstaben-Code

Der universelle Code des *Betreuers* ist in den Jungschen Persönlichkeitstypologien ISFJ.

Mehr:

Jarosław Jankowski
Ihr Persönlichkeitstyp: Betreuer (ISFJ)

Der Direktor (ENTJ)

Lebensmotto: *Ich sage euch, was zu tun ist!*

Unabhängig, aktiv und entschieden. Rational, logisch und kreativ. *Direktoren* betrachten analysierte Probleme in einem breiteren Kontext und sind imstande, die Konsequenzen von menschlichem Verhalten vorherzusehen. Sie zeichnen sich durch Optimismus und eine gesunde Selbstsicherheit aus. Sie können theoretische Konzepte in konkrete, praktische Pläne umwandeln.

Visionäre, Mentoren und Organisatoren. *Direktoren* verfügen über natürliche Führungsqualitäten.

Ihre starke Persönlichkeit, ihr kritisches Urteilsvermögen sowie ihre Direktheit verunsichern andere Menschen häufig und führen zu Problemen bei zwischenmenschlichen Beziehungen.

Natürliche Veranlagungen des *Direktors*

- Die Quelle seiner Lebensenergie: seine äußere Welt.
- Informationsaufnahme: Intuition.
- Art und Weise wie Entscheidungen getroffen werden: Verstand.
- Lebensstil: organisiert.

Ähnliche Persönlichkeitstypen

- *Reformer*
- *Stratege*
- *Logiker*

Statistische Angaben

- *Direktoren* stellen ca. 2-5 % der Gesellschaft dar.
- Unter *Direktoren* überwiegen Männer (70 %).
- Das Land, welches dem Profil des *Direktors* entspricht, sind die Niederlande.

Buchstaben-Code

Der universelle Code des *Direktors* ist in den Jungschen Persönlichkeitstypologien ENTJ.

Mehr:

Jarosław Jankowski
Ihr Persönlichkeitstyp: Direktor (ENTJ)

Der Enthusiast (ENFP)

Lebensmotto: *Wir schaffen das!*

Energisch, enthusiastisch und optimistisch. Sie sind lebensfreudig und sind mit den Gedanken in der Zukunft. Dynamisch, scharfsinnig und kreativ. *Enthusiasten* mögen Menschen und schätzen ehrliche und authentische Beziehungen. Sie sind herzlich und emotional. *Enthusiasten* können aber schlecht mit Kritik umgehen. Sie verfügen über Empathie und erkennen die Bedürfnisse, Emotionen und Motive anderer Menschen. Sie inspirieren und stecken andere mit ihrem Enthusiasmus an.

Enthusiasten mögen es, im Zentrum der Aufmerksamkeit zu sein. Sie sind flexibel und vermögen es, zu improvisieren. Sie neigen zu idealistischen Ideen. *Enthusiasten* lassen sich einfach ablenken und haben Probleme damit, viele Angelegenheiten zu Ende zu bringen.

Natürliche Veranlagungen des *Enthusiasten*

- Die Quelle seiner Lebensenergie: seine äußere Welt.
- Informationsaufnahme: Intuition.
- Art und Weise wie Entscheidungen getroffen werden: Herz.
- Lebensstil: spontan.

Ähnliche Persönlichkeitstypen

- *Berater*
- *Idealist*
- *Mentor*

Statistische Angaben

- *Enthusiasten* stellen ca. 5-8 % der Gesellschaft dar.
- Unter *Enthusiasten* überwiegen Frauen (60 %).
- Das Land, welches dem Profil des *Enthusiasten* entspricht, ist Italien.

Buchstaben-Code

Der universelle Code des *Enthusiasten* ist in den Jungschen Persönlichkeitstypologien ENFP.

Mehr:

Jarosław Jankowski
Ihr Persönlichkeitstyp: Enthusiast (ENFP)

Der Idealist (INFP)

Lebensmotto: *Man kann anders leben.*

Sensibel, loyal und kreativ. Sie möchten im Einklang mit ihren Werten leben. *Idealisten* interessieren sich für die spirituelle Wirklichkeit und gehen den Geheimnissen des Lebens nach. Sie nehmen sich die Probleme der Welt zu Herzen und stehen Bedürfnissen anderer Menschen offen gegenüber. *Idealisten* schätzen Harmonie und Ausgeglichenheit.

Sie sind romantisch und dazu fähig, ihre Liebe zu anderen zu äußern, wobei sie selbst auch Wärme und Zärtlichkeit brauchen. Sie vermögen es, Motive und Gefühle anderer Menschen hervorragend zu erkennen. *Idealisten* bauen gesunde, tiefgründige und dauerhafte Beziehungen auf. In Konfliktsituationen verlieren sie den Boden unter den Füßen. Sie können Kritik und Stress nicht vertragen.

Natürliche Veranlagungen des *Idealisten*

- Die Quelle seiner Lebensenergie: seine innere Welt.
- Informationsaufnahme: Intuition.
- Art und Weise wie Entscheidungen getroffen werden: Herz.
- Lebensstil: spontan.

Ähnliche Persönlichkeitstypen

- *Mentor*
- *Enthusiast*
- *Berater*

Statistische Angaben

- *Idealisten* stellen ca. 1-4 % der Gesellschaft dar.
- Unter *Idealisten* überwiegen Frauen (60 %).
- Das Land, welches dem Profil des *Idealisten* entspricht, ist Thailand.

Buchstaben-Code

Der universelle Code des *Idealisten* ist in den Jungschen Persönlichkeitstypologien INFP.

Mehr:

Jarosław Jankowski
Ihr Persönlichkeitstyp: Idealist (INFP)

Der Inspektor (ISTJ)

Lebensmotto: *Die Pflicht geht vor.*

Menschen, auf die man sich immer verlassen kann. Wohlerzogen, pünktlich, zuverlässig, gewissenhaft, verantwortungsbewusst – die Zuverlässigkeit in Person. Analytisch, methodisch, systematisch und logisch. *Inspektoren* werden als beherrschte, kühle und ernsthafte Menschen angesehen. Sie schätzen Ruhe, Stabilität und Ordnung. *Inspektoren* mögen keine Veränderungen, dafür aber klare und konkrete Regeln.

Sie sind arbeitsam und ausdauernd, weswegen sie Angelegenheiten zu Ende bringen können. Es sind Perfektionisten, die über alles die Kontrolle haben möchten. Sie äußern sparsam Lob und sind nicht imstande, der Wichtigkeit der Gefühle und Emotionen anderer Menschen die gebürtige Beachtung zu schenken.

Natürliche Veranlagungen des *Inspektors*

- Die Quelle seiner Lebensenergie: seine innere Welt.
- Informationsaufnahme: Sinne.
- Art und Weise wie Entscheidungen getroffen werden: Verstand.
- Lebensstil: organisiert.

Ähnliche Persönlichkeitstypen

- *Praktiker*
- *Verwalter*
- *Animateur*

Statistische Angaben

- *Inspektoren* stellen ca. 6-10 % der Gesellschaft dar.
- Unter *Inspektoren* überwiegen Männer (60 %).
- Das Land, welches dem Profil des *Inspektors* entspricht, ist die Schweiz.

Buchstaben-Code

Der universelle Code des *Inspektors* ist in den Jungschen Persönlichkeitstypologien ISTJ.

Mehr:

Jarosław Jankowski
Ihr Persönlichkeitstyp: Inspektor (ISTJ)

Der Künstler (ISFP)

Lebensmotto: *Lasst uns etwas erschaffen!*

Sensibel, kreativ und originell. Sie haben ein Gefühl für Ästhetik und angeborene künstlerische Fähigkeiten. Unabhängig – *Künstler* agieren nach ihrem eigenen Wertesystem und ordnen sich keinerlei Druck von außen unter. Sie sind optimistisch und verfügen über eine positive Lebenseinstellung, weswegen sie jeden Augenblick genießen können.

Sie sind glücklich, wenn sie anderen helfen können. Abstrakte Theorien langweilen sie, denn *Künstler* ziehen es vor, die Realität zu erschaffen und nicht über sie zu sprechen. Es fällt ihnen jedoch weitaus leichter, neue Pläne zu realisieren, als bereits begonnene abzuschließen. Sie haben Schwierigkeiten, ihre eigenen Bedürfnisse und Wünsche zu äußern.

Natürliche Veranlagungen des *Künstlers*

- Die Quelle seiner Lebensenergie: seine innere Welt.
- Informationsaufnahme: Sinne.
- Art und Weise wie Entscheidungen getroffen werden: Herz.
- Lebensstil: spontan.

Ähnliche Persönlichkeitstypen

- *Betreuer*
- *Moderator*
- *Anwalt*

Statistische Angaben

- *Künstler* stellen ca. 6-9 % der Gesellschaft dar.
- Unter *Künstlern* überwiegen Frauen (60 %).
- Das Land, welches dem Profil des *Künstlers* entspricht, ist China.

Buchstaben-Code

Der universelle Code des *Künstlers* ist in den Jungschen Persönlichkeitstypologien ISFP.

Mehr:

Jarosław Jankowski
Ihr Persönlichkeitstyp: Künstler (ISFP)

Der Logiker (INTP)

Lebensmotto: *Man muss vor allem die Wahrheit über die Welt kennenlernen.*

Originell, einfallsreich und kreativ. *Logiker* mögen es, theoretische Probleme zu lösen. Sie sind analytisch, scharfsinnig und begegnen neuen Ideen mit Begeisterung. *Logiker* vermögen es, einzelne Phänomene zu verbinden und mithilfe von ihnen allgemeine Regeln und Theorien aufzustellen. Sie agieren logisch, präzise und tiefgründig. Unklare Zusammenhänge und Inkonsequenzen werden von ihnen schnell erkannt.

Sie sind unabhängig und skeptisch gegenüber bereits vorliegenden Lösungen sowie Autoritäten. Zugleich sind sie tolerant und offen für neue Herausforderungen. Versunken in Gedanken verlieren sie ab und an den Kontakt zur Außenwelt.

Natürliche Veranlagungen des *Logikers*

- Die Quelle seiner Lebensenergie: seine innere Welt.
- Informationsaufnahme: Intuition.
- Art und Weise wie Entscheidungen getroffen werden: Verstand.
- Lebensstil: spontan.

Ähnliche Persönlichkeitstypen

- *Stratege*
- *Reformer*
- *Direktor*

Statistische Angaben

- *Logiker* stellen ca. 2-3 % der Gesellschaft dar.
- Unter *Logikern* überwiegen Männer (80 %).
- Das Land, welches dem Profil des *Logikers* entspricht, ist Indien.

Buchstaben-Code

Der universelle Code des *Logikers* ist in den Jungschen Persönlichkeitstypologien INTP.

Mehr:

Jarosław Jankowski
Ihr Persönlichkeitstyp: Logiker (INTP)

Der Mentor (INFJ)

Lebensmotto: *Die Welt könnte besser sein!*

Kreativ, sensibel, auf die Zukunft fixiert. *Mentoren* sehen Möglichkeiten, die andere Menschen nicht erkennen. Es sind Idealisten und Visionäre, die sich darauf konzentrieren, Menschen zu helfen. Pflichtbewusst und verantwortungsbewusst, zugleich auch höflich, fürsorglich und freundschaftlich. Sie versuchen, die Mechanismen der Weltordnung zu verstehen und betrachten Probleme aus einer breiten Perspektive.

Hervorragende Zuhörer und Beobachter. Sie zeichnen sich aus durch Empathie, Intuition und Vertrauen in Menschen. *Mentoren* sind imstande, Gefühle und Emotionen zu lesen, können wiederum aber nur schlecht Kritik annehmen und sich in Konfliktsituationen zurechtfinden. Andere können sie gelegentlich als enigmatisch empfinden.

Natürliche Veranlagungen des *Mentors*

- Die Quelle seiner Lebensenergie: seine innere Welt.
- Informationsaufnahme: Intuition.
- Art und Weise wie Entscheidungen getroffen werden: Herz.
- Lebensstil: organisiert.

Ähnliche Persönlichkeitstypen

- *Idealist*
- *Berater*
- *Enthusiast*

Statistische Angaben

- *Mentoren* stellen ca. 1 % der Gesellschaft dar und sind damit der seltenste Persönlichkeitstyp.
- Unter *Mentoren* überwiegen Frauen (80 %).
- Das Land, welches dem Profil des *Logikers* entspricht, ist Norwegen.

Buchstaben-Code

Der universelle Code des *Mentors* ist in den Jungschen Persönlichkeitstypologien INFJ.

Mehr:

Jarosław Jankowski
Ihr Persönlichkeitstyp: Mentor (INFJ)

Der Moderator (ESFP)

Lebensmotto: *Heute ist der richtige Zeitpunkt!*

Optimistisch, energisch und offen gegenüber Menschen. *Moderatoren* sind lebenslustig und haben gerne Spaß. Sie sind praktisch, zugleich aber auch flexibel und spontan. Sie mögen Veränderungen und neue Erfahrungen. Einsamkeit, Stagnation und Routine hingegen vertragen sie eher schlecht. *Moderatoren* mögen es, im Zentrum der Aufmerksamkeit zu stehen.

Sie verfügen über ein natürliches Schauspieltalent und über die Gabe, interessant und packend zu berichten. Indem sie sich auf das Hier und Jetzt konzentrieren verlieren sie manchmal langfristige Ziele aus den Augen. Sie neigen dazu, Konsequenzen ihres Handelns nicht richtig einschätzen zu können.

Natürliche Veranlagungen des *Moderators*

- Die Quelle seiner Lebensenergie: seine äußere Welt.
- Informationsaufnahme: Sinne.
- Art und Weise wie Entscheidungen getroffen werden: Herz.
- Lebensstil: spontan.

Ähnliche Persönlichkeitstypen

- *Anwalt*
- *Künstler*
- *Betreuer*

Statistische Angaben

- *Moderatoren* stellen ca. 8-13 % der Gesellschaft dar.
- Unter *Moderatoren* überwiegen Frauen (60 %).
- Das Land, welches dem Profil des *Moderators* entspricht, ist Brasilien.

Buchstaben-Code

Der universelle Code des *Moderators* ist in den Jungschen Persönlichkeitstypologien ESFP.

Mehr:

Jarosław Jankowski
Ihr Persönlichkeitstyp: Moderator (ESFP)

Der Praktiker (ISTP)

Lebensmotto: *Taten sind wichtiger als Worte.*

Optimistisch, spontan und mit einer positiven Lebenseinstellung. Beherrschte und unabhängige Menschen, die ihren eigenen Überzeugungen treu sind und äußeren Normen und Regeln skeptisch gegenüberstehen. *Praktiker* sind nicht an Theorien oder Überlegungen bzgl. der Zukunft interessiert. Sie ziehen es vor, konkrete und handfeste Probleme zu lösen.

Sie passen sich gut an neue Orte und Situationen an und mögen Herausforderungen und das Risiko. Ferner vermögen sie es, bei Gefahr einen kühlen Kopf zu behalten. Ihre Wortkargheit und extreme Zurückhaltung bei der Äußerung von Meinungen bewirken, dass sie für andere Menschen manchmal unverständlich erscheinen.

Natürliche Veranlagungen des *Praktikers*

- Die Quelle seiner Lebensenergie: seine innere Welt.
- Informationsaufnahme: Sinne.
- Art und Weise wie Entscheidungen getroffen werden: Verstand.
- Lebensstil: spontan.

Ähnliche Persönlichkeitstypen

- *Inspektor*
- *Animateur*
- *Verwalter*

Statistische Angaben

- *Praktiker* stellen ca. 6-9 % der Gesellschaft dar.
- Unter *Praktiker* überwiegen Männer (60 %).
- Das Land, welches dem Profil des *Praktikers* entspricht, ist Singapur.

Buchstaben-Code

Der universelle Code des *Praktikers* ist in den Jungschen Persönlichkeitstypologien ISTP.

Mehr:

Jarosław Jankowski
Ihr Persönlichkeitstyp: Praktiker (ISTP)

Der Reformer (ENTP)

Lebensmotto: *Und wenn man versuchen würde, es anders zu machen?*

Ideenreich, originell und unabhängig. *Reformer* sind Optimisten. Sie sind energisch und unternehmerisch. Wahrhaftige Tatmenschen, die gerne im Zentrum des Geschehens sind und „unlösbare Probleme" lösen. Sie sind an der Welt interessiert, risikofreudig und ungeduldig. Visionäre, die offen für neue Ideen sind. Sie mögen neue Erfahrungen und Experimente. Ferner erkennen sie die Verbindungen zwischen einzelnen Ereignissen und sind mit ihren Gedanken in der Zukunft.

Spontan, kommunikativ und selbstsicher. *Reformer* neigen dazu, ihre eigenen Fähigkeiten zu überschätzen. Darüber hinaus haben sie Probleme damit, etwas zu Ende zu bringen.

Natürliche Veranlagungen des *Reformers*

- Die Quelle seiner Lebensenergie: seine äußere Welt.
- Informationsaufnahme: Intuition.
- Art und Weise wie Entscheidungen getroffen werden: Verstand.
- Lebensstil: spontan.

Ähnliche Persönlichkeitstypen

- *Direktor*
- *Logiker*
- *Stratege*

Statistische Angaben

- *Reformer* stellen ca. 3-5 % der Gesellschaft dar.
- Unter *Reformern* überwiegen Männer (70 %).
- Das Land, welches dem Profil des *Reformers* entspricht, ist Israel.

Buchstaben-Code

Der universelle Code des *Reformers* ist in den Jungschen Persönlichkeitstypologien ENTP.

Mehr:

Jarosław Jankowski
Ihr Persönlichkeitstyp: Reformer (ENTP)

Der Stratege (INTJ)

Lebensmotto: *Das lässt sich perfektionieren!*

Unabhängige, herausragende Individualisten, die über unglaublich viel Energie verfügen. Sie sind kreativ und einfallsreich. Von anderen werden sie als kompetente und selbstsichere Menschen angesehen, wenngleich sie distanziert und enigmatisch wirken. *Strategen* betrachten alle Angelegenheiten aus einer breiten Perspektive. Sie möchten ihre Umwelt perfektionieren und ordnen.

Strategen sind gut organisiert, verantwortungsbewusst, kritisch und anspruchsvoll. Es ist schwer, sie aus dem Gleichgewicht zu bringen. Zugleich ist es aber auch nicht einfach, sie völlig zufrieden zu stellen. Ihre Natur erschwert es ihnen, die Gefühle und Emotionen anderer Menschen zu erkennen.

Natürliche Veranlagungen des *Strategen*

- Die Quelle seiner Lebensenergie: seine innere Welt.
- Informationsaufnahme: Intuition.
- Art und Weise wie Entscheidungen getroffen werden: Verstand.
- Lebensstil: organisiert.

Ähnliche Persönlichkeitstypen

- *Logiker*
- *Direktor*
- *Reformer*

Statistische Angaben

- *Strategen* stellen ca. 1-2 % der Gesellschaft dar.
- Unter *Strategen* überwiegen Männer (80 %).
- Das Land, welches dem Profil des *Strategen* entspricht, ist Finnland.

Buchstaben-Code

Der universelle Code des *Strategen* ist in den Jungschen Persönlichkeitstypologien INTJ.

Mehr:

Jarosław Jankowski
Ihr Persönlichkeitstyp: Stratege (INTJ)

Der Verwalter (ESTJ)

Lebensmotto: *Erledigen wir diese Aufgabe!*

Fleißig, verantwortungsbewusst und überaus loyal. Energisch und entschieden. Sie schätzen Ordnung, Stabilität, Sicherheit und klare Regeln. *Verwalter* sind sachlich und konkret. Sie sind logisch, rational und praktisch. Sie vermögen es, sich eine große Menge detaillierter Informationen anzueignen.

Hervorragende Organisatoren, die Ineffizienz, Verschwendung und Faulheit nicht dulden. Sie sind ihren Überzeugungen treu und aufgeschlossen gegenüber anderen Menschen. Sie legen ihre Meinung entschieden dar und üben offen Kritik aus, weswegen sie manchmal ungewollt andere Menschen verletzen.

Natürliche Veranlagungen des *Verwalters*

- Die Quelle seiner Lebensenergie: seine äußere Welt.
- Informationsaufnahme: Sinne.
- Art und Weise wie Entscheidungen getroffen werden: Verstand.
- Lebensstil: organisiert.

Ähnliche Persönlichkeitstypen

- *Animateur*
- *Inspektor*
- *Praktiker*

Statistische Angaben

- *Verwalter* stellen ca. 10-13 % der Gesellschaft dar.
- Unter *Verwaltern* überwiegen Männer (60 %).
- Das Land, welches dem Profil des *Verwalters* entspricht, sind die USA.

Buchstaben-Code

Der universelle Code des *Verwalters* ist in den Jungschen Persönlichkeitstypologien ESTJ.

Mehr:

Jarosław Jankowski
Ihr Persönlichkeitstyp: Verwalter (ESTJ)

Anhang

Die vier natürlichen Veranlagungen

1. Dominierende Quelle der Lebensenergie

    o   ÄUSSERE WELT
        Menschen, die ihre Energie aus der
        Umwelt schöpfen, die Aktivitäten und
        Kontakt mit anderen Menschen benöti-
        gen. Sie vertragen längere Einsamkeit
        nur schlecht.

    o   INNERE WELT
        Menschen, die ihre Energie aus ihrem
        Innern schöpfen, die Ruhe und Ein-
        samkeit brauchen. Sie fühlen sich er-
        schöpft, wenn sie längere Zeit mit an-
        deren Menschen verbringen.

2. Dominierende Art, Informationen aufzuneh-
men

    o SINNE
      Menschen, die auf ihre fünf Sinne ver-
      trauen. Sie glauben an Fakten und Be-
      weise und mögen erprobte Methoden
      sowie praktische und konkrete Aufga-
      ben. Sie sind Realisten, die sich auf ihre
      Erfahrung stützen.

    o INTUITION
      Menschen, die auf ihren sechsten Sinn
      vertrauen. Sie lassen sich durch Vorah-
      nungen leiten und mögen innovative
      Lösungen sowie Probleme theoreti-
      scher Natur. Sie zeichnen sich durch
      eine kreative Herangehensweise sowie
      die Fähigkeit aus, Dinge vorherzusehen.

3. Dominierende Art, Entscheidungen zu treffen

    o VERSTAND
      Menschen, die sich nach ihrer Logik
      und objektiven Regeln richten. Sie sind
      kritisch und direkt, wenn sie ihre Mei-
      nung äußern.

    o HERZ
      Menschen, die sich nach ihren Empfin-
      dungen und Werten richten. Sie streben
      nach Harmonie und Einverständnis mit
      anderen.

4. Dominierender Lebensstil

    o ORGANISIERT
      Menschen, die pflichtbewusst und organisiert sind. Sie schätzen Ordnung und mögen es, nach Plan zu handeln.

    o SPONTAN
      Flexible Menschen, die ihre Freiheit schätzen. Sie erfreuen sich des Augenblicks und finden sich gut in neuen Situationen zurecht.

Geschätzter Anteil der einzelnen Persönlichkeitstypen an der Bevölkerung (in %)

Persönlichkeitstyp	Anteil
Animateur (ESTP):	6 – 10 %
Anwalt (ESFJ):	10 – 13 %
Berater (ENFJ):	3 – 5 %
Betreuer (ISFJ):	8 – 12 %
Direktor (ENTJ):	2 – 5 %
Enthusiast (ENFP):	5 – 8 %
Idealist (INFP):	1 – 4 %
Inspektor (ISTJ):	6 – 10 %
Künstler (ISFP):	6 – 9 %
Logiker (INTP):	2 – 3 %
Mentor (INFJ):	ca. 1 %
Moderator (ESFP):	8 – 13 %
Praktiker (ISTP):	6 – 9 %
Reformer (ENTP):	3 – 5 %

Stratege (INTJ):   1 – 2 %
Verwalter (ESTJ):   10 – 13 %

Geschätztes prozentuales Verhältnis von Frauen und Männern je nach Persönlichkeitstyp

Persönlichkeitstyp Frauen / Männer

Animateur (ESTP):   40 % / 60 %
Anwalt (ESFJ):   70 % / 30 %
Berater (ENFJ):   80 % / 20 %
Betreuer (ISFJ):   70 % / 30 %
Direktor (ENTJ):   30 % / 70 %
Enthusiast (ENFP):   60 % / 40 %
Idealist (INFP):   60 % / 40 %
Inspektor (ISTJ):   40 % / 60 %
Künstler (ISFP):   60 % / 40 %
Logiker (INTP):   20 % / 80 %
Mentor (INFJ):   80 % / 20 %
Moderator (ESFP):   60 % / 40 %
Praktiker (ISTP):   40 % / 60 %
Reformer (ENTP):   30 % / 70 %
Stratege (INTJ):   20 % / 80 %
Verwalter (ESTJ):   40 % / 60 %

Literaturverzeichnis

- Arraj, J. (1990): *Tracking the Elusive Human, Volume 2: An Advanced Guide to the Typological Worlds of C. G. Jung, W.H. Sheldon, Their Integration, and the Biochemical Typology of the Future*. Midland, OR: Inner Growth Books.
- Arraj, J. / Arraj, T. (1988): *Tracking the Elusive Human, Volume 1: A Practical Guide to C.G. Jung's Psychological Types, W.H. Sheldon's Body and Temperament Types and Their Integration*. Chiloquin, OR: Inner Growth Books.
- Berens, L. V. / Cooper, S. A. / Ernst, L. K. / Martin, C. R. / Myers, S. / Nardi, D. / Pearman, R. R./Segal, M./Smith, M. A. (2002): *Quick Guide to the 16 Personality Types in Organizations: Understanding Personality Differences in the Workplace*. Fountain Valley, CA: Telos Publications.
- Geier, J. G./Downey, D. E. (1989): *Energetics of Personality*: Success Through Quality

Action. Minneapolis, MN: Aristos Publishing House.

- Hunsaker, P. L. / Alessandra, T. (1986): *The Art of Managing People*. New York, NY: Simon and Schuster.
- Jung, C. G. (1995): *Psychologische Typen*. Ostfildern: Patmos Verlag.
- Kise, J. A. G. / Krebs Hirsh, S. / Stark, D. (2005): *LifeKeys: Discover Who You Are*. Bloomington, MN: Bethany House.
- Kroeger, O. / Thuesen, J. M. (1988): *Type Talk or How to Determine Your Personality Type and Change Your Life*. New York, NY: Delacorte Press.
- Lawrence, G. D. (1997): *Looking at Type and Learning Styles*. Gainesville, FL: Center for Applications of Psychological Type.
- Lawrence, G. D. (1993): *People Types and Tiger Stripes*. Gainesville, FL: Center for Applications of Psychological Type.
- Maddi, S. R. (2001): *Personality Theories: A Comparative Analysis*. Long Grove, IL: Waveland Press.
- Martin, C. R. (2001): *Looking at Type: The Fundamentals Using Psychological Type To Understand and Appreciate Ourselves and Others*. Gainesville, FL: Center for Applications of Psychological Type.
- Meier, C. A. (1986): *Persönlichkeit: Der Individuationsprozess im Lichte der Typologie C. G. Jungs*. Einsiedeln: Daimon.
- Pearman, R. R. / Albritton, S. C. (2010): *I'm Not Crazy, I'm Just Not You: The Real Meaning*

of the Sixteen Personality Types. Boston, MA: Nicholas Brealey Publishing.

- Segal,M. (2001): *Creativity and Personality Type: Tools for Understanding and Inspiring the Many Voices of Creativity.* Fountain Valley, CA: Telos Publications.
- Sharp, D. (1987): *Personality Type: Jung's Model of Typology.* Toronto: Inner City Books.
- Spoto, A. (1995): *Jung's Typology in Perspective.* Asheville, NC: Chiron Publications.
- Tannen, D. (1990): *You Just Don't Understand:* Women and Men in Conversation. New York, NY: William Morrow and Company.
- Thomas, J. C. / Segal, D. L. (2005): *Comprehensive Handbook of Personality and Psychopathology, Personality and Everyday Functioning.* Hoboken, NJ: Wiley.
- Thomson, L. (1998): *Personality Type: An Owner's Manual.* Boston, MA: Shambhala.
- Tieger, P. D./Barron-Tieger, B. (2000): *Just Your Type: Create the Relationship You've Always Wanted Using the Secrets of Personality Type.* New York, NY: Little, Brown and Company.
- Von Franz, M.-L./Hillman, J. (1971): *Lectures on Jung's Typology.* New York, NY: Continuum International Publishing Group.

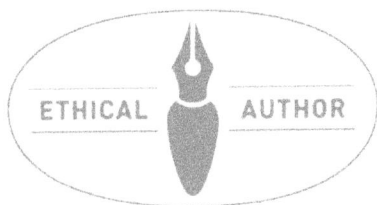

Der Leser steht an erster Stelle.

Eine Autorenkampagne
der Alliance of Independent Authors

www.ingramcontent.com/pod-product-compliance
Lightning Source LLC
Chambersburg PA
CBHW031206020426
42333CB00013B/809